正向教育
故事系列

U0099744

犀牛魯魯，
請保持有禮

蘇·格雷夫斯 著　　　特雷弗·鄧頓 圖

新雅文化事業有限公司
www.sunya.com.hk

正向教育故事系列

　　《正向教育故事系列》全套10冊，**旨在培養孩子正向的性格強項，發揮個人潛能，活出更精彩豐盛的人生。**

　　在《正向教育故事系列》裏，動物們遭遇到一些孩子普遍會遇到的困境，幸好他們最後都能發揮相關的性格強項，完滿地解決事情，還得到意外驚喜。

　　小朋友，準備好了嗎？現在，就讓我們進入正能量世界，一起跟着

 鱷魚卡卡學**毅力**　　 大象波波學**仁慈**

 豹子達達學**團隊精神**　　 長頸鹿高高學**公平**

 河馬胖胖學**正直**　　 獅子安安學**希望**

 猴子奇奇學**審慎**　　 烏龜娜娜學**勇敢**

 老虎哈哈學**自我規範**　　 犀牛魯魯學**社交智慧**

　　每冊書末還設有**親子/師生共讀建議**，幫助爸媽和孩子說故事呢！

 **升級功能**

　　本系列屬「新雅點讀樂園」產品之一，若配備新雅點讀筆，爸媽和孩子可以使用全書的點讀和錄音功能，聆聽粵語朗讀故事、粵語講故事和普通話朗讀故事，亦能點選圖中的角色，聆聽對白，生動地演繹出每個故事，讓孩子隨着聲音，進入豐富多彩的故事世界，而且更可錄下爸媽和孩子的聲音來說故事，增添親子閱讀的趣味！

　　「新雅點讀樂園」產品包括語文學習類、親子故事和知識類等圖書，種類豐富，旨在透過聲音和互動功能帶動孩子學習，提升他們的學習動機與趣味！

　　家長如欲另購新雅點讀筆，或想了解更多新雅的點讀產品，請瀏覽新雅網頁 (www.sunya.com.hk) 或掃描右邊的QR code進入 新雅•點讀樂園。

如何使用**新雅點讀筆**閱讀故事

① 下載本故事的聲音檔案

1. 瀏覽新雅網頁(www.sunya.com.hk) 或掃描右邊的QR code
進入 新雅·點讀樂園 。

2. 點選 下載點讀筆檔案 ▶ 。

3. 依照下載區的步驟說明，點選及下載《正向教育故事系列》的聲音檔案至
電腦，並複製至新雅點讀筆的「BOOKS」 資料夾內。

② 點讀故事和選擇語言

啟動點讀筆後，請點選封面，然後點選書本上的故事文字或說話的人
物，點讀筆便會播放相應的內容。如想切換播放的語言，請點選每頁
左上角的 粵 ☆ 普 圖示，當再次點選內頁時，點讀筆便會使用所
選的語言播放點選的內容。

語言圖示説明

粵語　　　粵語　　　普通話
朗讀故事　講故事　朗讀故事

安安的體形的確太大了，他無法坐上小型賽
車，不過他一點都不介意，還去玩大菌況過。安
安覺得這個機動遊戲更好玩呢！

然後大鳥老師看看手錶，她說時間剛剛好，
大家還要得及一起去玩沖天過山車，那是森林樂
園裏最高、最快、最刺激的機動遊戲！

20

❸ 播放整個故事

如想播放整個故事請點選下面的圖示：

選擇語言

粵語
朗讀故事

粵語
講故事

普通話
朗讀故事

播放整個故事

播放

暫停

停止

❹ 製作獨一無二的點讀故事書

爸媽和孩子可以各自點選以下圖示，錄下自己的聲音來說故事！

1. 先點選圖示上 爸媽錄音 或 孩子錄音 的位置，再點 OK，便可錄音。
2. 完成錄音後，請再次點選 OK，停止錄音。
3. 最後點選 ▶ 的位置，便可播放錄音了！
4. 如想再次錄音，請重複以上步驟。注意每次只保留最後一次的錄音。

爸媽請使用
這個圖示錄音

孩子請使用
這個圖示錄音

　　犀牛魯魯一向都沒有禮貌。不過他並非故意的，只是有時他一時匆忙，忘記了要有禮貌。有一天，他匆忙間來不及細想，在走廊裏一手把長頸鹿推開了。

魯魯忘了要說「請你讓一讓」，結果長頸鹿被他絆倒了，但魯魯太匆忙，沒有停下來扶起長頸鹿，也沒有說「對不起」。

魯魯生日那天，他非常興奮，因為朋友們都來參加他的生日會，也給了他許多禮物。但是魯魯實在太高興了，忘記要感謝他們。大家都覺得魯魯沒有說「謝謝」，真的太沒禮貌了。

午飯時，魯魯因為餓得很，想快些填飽肚子，於是他會擠上前插隊。

請在此排隊

　　當鱷魚太太問魯魯想吃什麼時，他只是伸伸手指說「餡餅！」，完全忘記要說「謝謝」。鱷魚太太覺得他實在太沒禮貌了。

魯魯在吃飯的時候總是忘記要閉上嘴巴，他總愛「嘰嘰喳喳」地跟朋友說個不停。

而每次他都忘記要先吞下食物才說話，結果口水飯菜都噴到朋友的臉上了。

最糟糕的是，他以為在餐桌前大聲打飽嗝很有趣。

呃！呃！

但是大家都只覺得他真的很沒禮貌。

星期一，獅子邀請朋友們放學後一起到他家裏吃下午茶，但卻沒有邀請魯魯。魯魯很傷心，他問獅子為什麼不邀請他。

獅子說因為魯魯有時很沒禮貌，他媽媽不喜
歡小朋友總是忘記説「請」和「謝謝」，或是大
聲打飽嗝。

　　魯魯很傷心，他為自己沒有禮貌的事向朋友
們道歉。他也希望自己能夠常常記得要有禮貌，
於是請朋友們幫助他。

　　朋友們說，良好的禮儀是需要每天培養的，
還要學懂顧及別人的感受，保持禮貌，這是非常
重要的。魯魯說他會非常努力地學習。

　　第二天，魯魯很努力地學習禮儀。當他在遊樂場裏想請河馬讓一讓路時，他沒有推開河馬，而是有禮貌地說：「請你讓一讓。」

　　魯魯又會幫大鳥老師推門，大鳥老師說魯魯真懂得禮讓，魯魯很開心。

午飯時，魯魯有禮貌地對鱷魚太太說：「請給我一些餡餅。」這次他記得說「請」，然後還會說「謝謝」。

　看！魯魯還懂得在咀嚼時閉上嘴巴，他也完全沒有打飽嗝⋯⋯真的一次也沒有！大家都覺得魯魯變得很有禮貌呢！

到了星期五，獅子邀請魯魯放學後一起到他家裏吃下午茶。魯魯非常高興，他也答應會時刻保持禮貌。

　　獅子媽媽製作了很美味的下午茶。雖然魯魯的肚子很餓，但仍不忘說「請」和「謝謝」。

他也記得在咀嚼時要閉上嘴巴，
他也沒有在滿口食物時説話。

大家都認為他很有禮貌呢！

回家時，雖然沒有人提醒魯魯，但是他記得要感謝獅子媽媽的款待！

大家都稱讚魯魯，說他是個有禮貌的好孩子。魯魯對獅子說，保持有禮的感覺真好！

正向心理學之父馬丁・賽里格曼 (Martin Seligman) 與其他學者合作，研究出一套以科學驗證為基礎的正向心理學理論，提出每人都能培育及運用所擁有的性格強項，活出更豐盛的人生。

正向心理學中的性格強項分成 6 大美德 (Virtues)，共 24 個性格強項 (Character Strengths)。只要我們好好運用性格強項和應用所累積的正向經驗，日後無論是在順境或逆境中，我們仍然能從中獲得快樂及寶貴的經驗。

現在，一起來認識 24 個性格強項：

智慧與知識
(Wisdom & Knowledge)
喜愛學習 (Love of Learning)
開明思想 (Judgement)
洞察力 (Perspective)
創造力 (Creativlty)
好奇心 (Curiosity)

勇氣
(Courage)
正直 (Honesty)
勇敢 (Bravery)
熱情與幹勁 (Zest)
毅力 (Perseverance)

節制
(Temperance)
謙遜 (Humility)
審慎 (Prudence)
寬恕 (Forgiveness)
自我規範 (Self-regulation)

24 個
性格強項

公義
(Justice)
公平 (Fairness)
團隊精神 (Teamwork)
領導才能 (Leadership)

仁愛
(Humanity)
愛 (Love)
仁慈 (Kindness)
社交智慧 (Social Intelligence)

靈性與超越
(Transcendence)
希望 (Hope)
感恩 (Gratitude)
幽默感 (Humour)
靈修性 (Spirituality)
對美麗和卓越的欣賞
(Appreciation of Beauty and Excellence)

故事中主角所發揮的性格強項

　　犀牛魯魯常常忘記要有禮貌，他會忘記說「請」和「謝謝」。吃飯時，會忘記閉上嘴巴，又會忘記要先吞下口中的食物才說話，還會在餐桌上打飽嗝，漸漸地朋友們都不愛跟他一起玩。

　　後來，在猴子和獅子的提醒下，魯魯明白到有禮貌是對別人的一種尊重，我們要配合不同的場合保持應有的表現和態度，並在適當的時候向別人表達謝意。最後魯魯發揮了**社交智慧**這個性格強項，學會了**尊重**和**注意言行**，變得**有禮貌**、**懂禮儀**，**加強**了他與朋友之間的**溝通**，建立良好的關係。

親子 / 師生共讀建議

讀完故事後，和孩子談談這本書：

1 與孩子談談故事的情節，鼓勵孩子按時間順序複述故事的情節。

2 與孩子談談魯魯的行為。魯魯是刻意沒有禮貌的嗎？他是否因為太興奮而忘了要有禮貌呢？例如當他收到朋友的生日禮物時太過開心而忘了道謝。請孩子也想一想自己是否有時候也因為太興奮而忘記保持禮貌。

3 與孩子討論有禮貌的重要性。如果別人對他們沒有禮貌，他們會有什麼感受？

4 請孩子想一想自己有哪些禮貌規則要遵守？例如不要打斷別人談話；要說「請」和「謝謝」；吃東西時要閉着嘴巴等。

5 請孩子分享他們在一些社交場合裏怎樣保持有禮。例如在參加生日會時，他們會否向別人道賀及謝謝對方的邀請。

正向教育故事系列（修訂版）

犀牛魯魯，請保持有禮

作　　者：蘇・格雷夫斯（Sue Graves）
繪　　圖：特雷弗・鄧頓（Trevor Dunton）
翻　　譯：張碧嘉
責任編輯：趙慧雅、龐頌恩、劉紀均
美術設計：蔡學彰
出　　版：新雅文化事業有限公司
　　　　　香港英皇道499號北角工業大廈18樓
　　　　　電話：（852）2138 7998
　　　　　傳真：（852）2597 4003
　　　　　網址：http://www.sunya.com.hk
　　　　　電郵：marketing@sunya.com.hk
發　　行：香港聯合書刊物流有限公司
　　　　　香港荃灣德士古道220-248號荃灣工業中心16樓
　　　　　電話：（852）2150 2100　　傳真：（852）2407 3062
　　　　　電郵：info@suplogistics.com.hk
印　　刷：中華商務彩色印刷有限公司
　　　　　香港新界大埔汀麗路36號
版　　次：二〇二〇年九月初版
　　　　　二〇二三年三月第四次印刷